かんたんなパーツを組み合わせて作る
思いもよらない楽しい模様

おりがみパズル

大原まゆみ

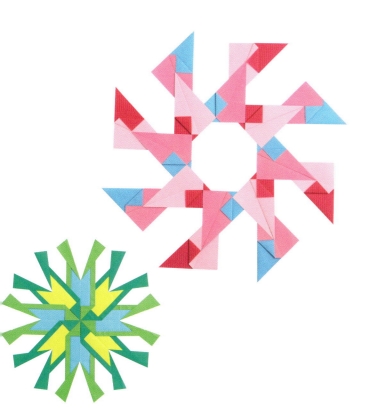

壁面を飾ってみよう … P.4	立体に組んでみましょう … P.34	
作品を作る前に … P.10	立体に組んでみましょう② … P.56	
	パーツの楽しみ方 … P.78	

壁面を飾ってみよう

この本の出てくるパーツを自由に組み合わせて、壁面装飾を楽しむことができます。
見本をよく観察して、どこの線を組み合わせて貼っているか、考えてみてくださいね。

春の花壇

使用したパーツ

10 ちょう1（P.32） ×2個

17 矢印（P.48） ×6個

26 チューリップ（P.68） ×6個

森の中のお城

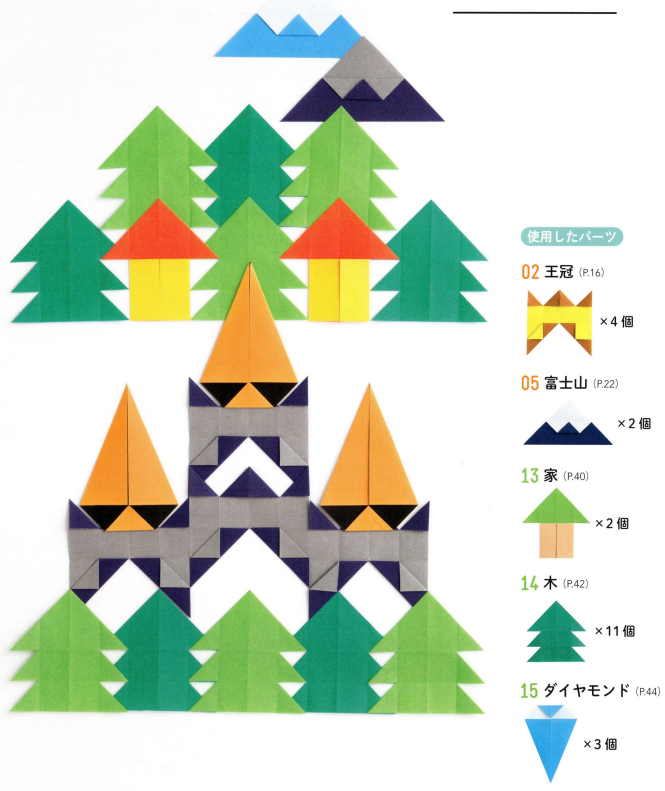

使用したパーツ

02 王冠 (P.16) ×4個

05 富士山 (P.22) ×2個

13 家 (P.40) ×2個

14 木 (P.42) ×11個

15 ダイヤモンド (P.44) ×3個

花とちょう

使用したパーツ

06 葉っぱ (P.24)

 ×4個

08 つぼみ (P.28)

 ×4個

11 ちょう2 (P.36)

 ×4個

実りの秋

使用したパーツ

12 ハート (P.38) ×6個

15 ダイヤモンド (P.44) ×2個

18 もみじ (P.50) ×8個

LOVE

12 ハート (P.38)

使用したパーツ ×27個

聖なる夜

使用したパーツ

04 水晶 (P.20) ×6個

14 木 (P.42) ×10個

20 星 (P.54) ×1個

作品を作る前に

おりがみのこと

おりがみはごく一般的なものでOK。タントなどの少し厚手の紙や、ファンシーペーパーなど、好みの紙を使っても問題ありません。

片面おりがみ

一般的な裏側が白地のおりがみ。

両面おりがみ

両面に色のついているおりがみ。折り返した時に色が複雑に見えてより楽しい仕上がりになります。

基本の道具

身の回りにある文房具で十分です。

セロハンテープ / のり / はさみ / 両面テープ / カッター

あると便利なもの

ヘラ

紙を折る時にヘラを使うと、ピシッとまっすぐに折ることできて、はっきりした折り線に仕上がるのでおすすめです。

紙の準備

パーツに使うおりがみを準備します。

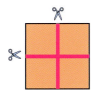 15×15cmのおりがみを四等分する

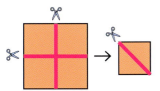 15×15cmのおりがみを四等分し、さらに対角線で三角形にカットする

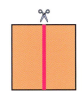 15×15cmのおりがみを半分にカットする

作り方の記号

作り方の中に出てくる記号の説明です。

 矢印の方向に折る

 裏返す（左右を入れ替えて裏返す）

 折り目をつける（折って開く）

 切り込みを入れる

 間隔が等分になるようにする

 ★の線と☆の線を合わせて折る

紙の折り方

まっすぐ、きれいに折るためのコツをご紹介します。

1

紙が自分に対して平行になるように置き、手前の角を持ちます。

2
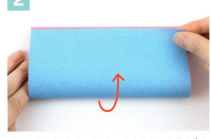
辺と辺を合わせて、折る所を曲げた状態にします。

3
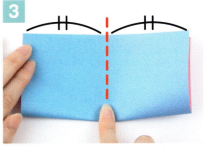
一気に折り線をつけず、まず中心をしっかりと押さえます。

4
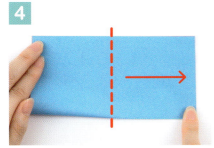
指を滑らせ、中心から半分に折り線をつけます。

5

中心を押さえたまま、もう半分にも折り線をつけます。

6

まっすぐ、きれいに折ることができました。

パーツの貼り方

貼り合わせる場所によって、セロハンテープと両面テープを使い分けます。

セロハンテープを使う（つなぐ）

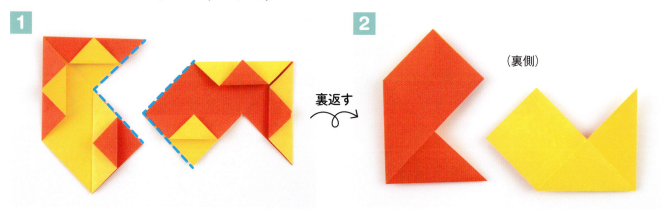

1 辺と辺を合わせる場合は、裏側をセロハンテープで貼り合わせます。

2 パーツを裏返します。

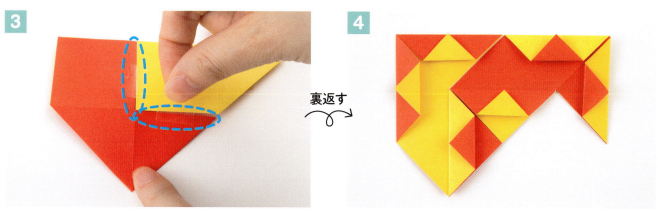

3 合わせた辺を全てセロハンテープで貼り合わせます。

4 きれいに貼れました。

両面テープを使う（貼り合わせる）

1 パーツ同士を重ねて合わせる場合は、両面テープを使って貼り合わせます。

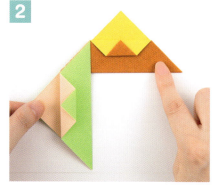

2 重ねる場所を確認し、テープをはがして貼り合わせます。

3 きれいに貼れました。

輪につなぐ時の注意 最後は、最初のパーツが上になるように重ねて貼りましょう。

1

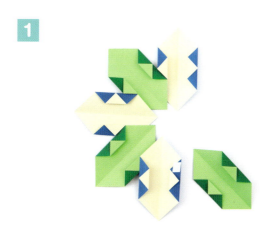

作り方を見ながら、パーツを貼り合わせます。

2

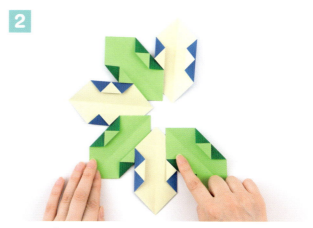

途中でずれないよう、しっかりと貼っていきましょう。

3

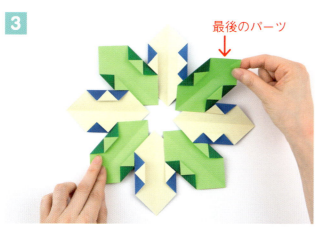

最後のパーツを貼ります。

4

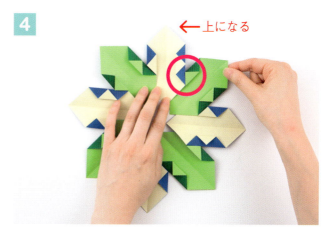

最後は、最初のパーツが上になるように貼り合わせます。

5

テープを貼ってとめます。

6

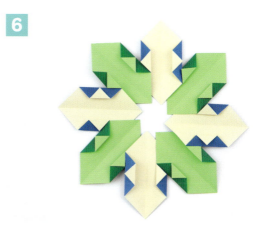

きれいにつなげました。

13

01 クロス

折り線をつける時は、まっすぐピシっと折ることが大切。正確な折り目が美しい仕上がりにつながります。

まずはここから
パーツの作り方
クロス

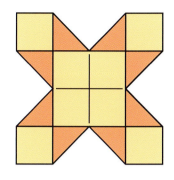

15x15cmのおりがみを四等分して使用します

❶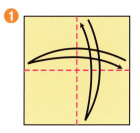

折り線をつけて開く。

❷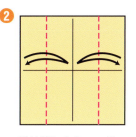

折り線に向かって折って開く。

❸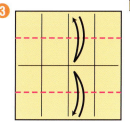

折り線に向かって折って開く。

❹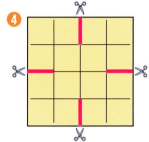

切り込みを入れる。

❺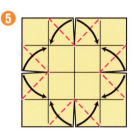

8か所の角を折る。

❻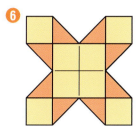

できあがり。

A ×4個

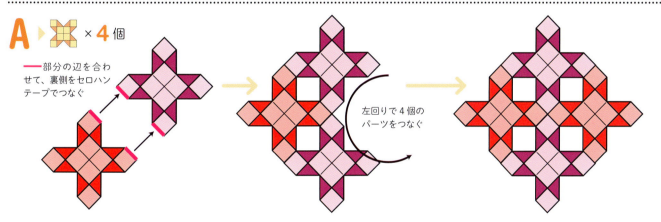

― 部分の辺を合わせて、裏側をセロハンテープでつなぐ

左回りで4個のパーツをつなぐ

B ×8個

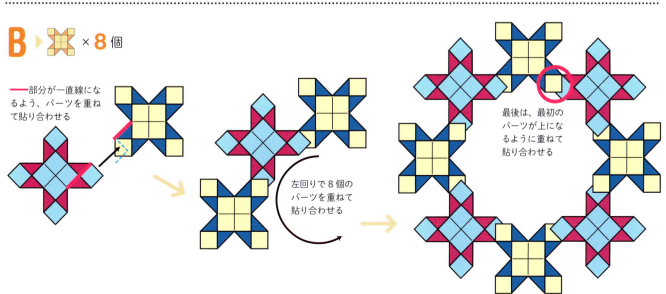

― 部分が一直線になるよう、パーツを重ねて貼り合わせる

左回りで8個のパーツを重ねて貼り合わせる

最後は、最初のパーツが上になるように重ねて貼り合わせる

02 王冠(おうかん)

パーツをつなげる時(とき)は、3個目(こ)からきれいな輪(わ)になるようバランスに気(き)をつけてみてください。

A

B

使っているパーツ

王冠

まずはここから
パーツの作り方
王冠

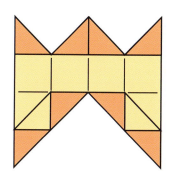

15x15cm のおりがみを四等分して使用します

① 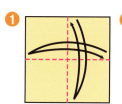 折り線をつけて開く。

② 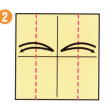 折り線に向かって折って開く。

③ 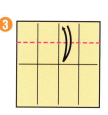 上半分のみ折り線に向かって折って開く。

④ 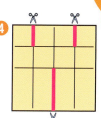 切り込みを入れる。

⑤ 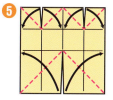 6か所の角を折る。

⑥ 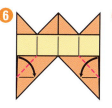 下半分の角を折り返す。

⑦  できあがり。

A ×4個

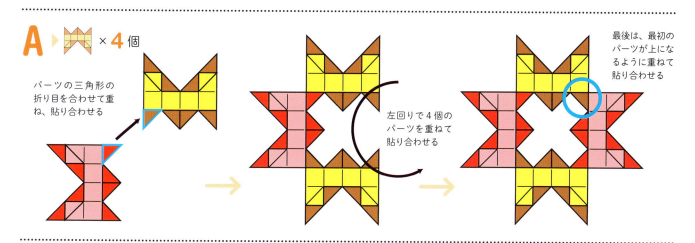

パーツの三角形の折り目を合わせて重ね、貼り合わせる

左回りで4個のパーツを重ねて貼り合わせる

最後は、最初のパーツが上になるように重ねて貼り合わせる

B ×8個

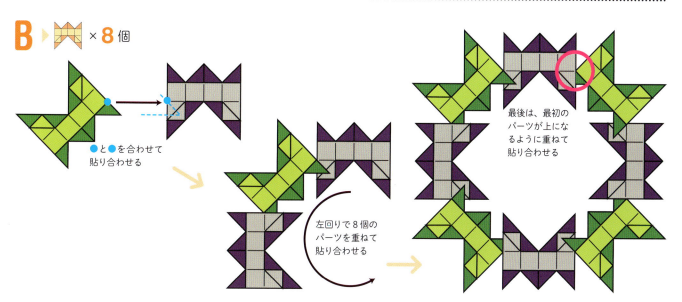

●と●を合わせて貼り合わせる

左回りで8個のパーツを重ねて貼り合わせる

最後は、最初のパーツが上になるように重ねて貼り合わせる

03 風車

風車は折り上げた部分がぴったりと一直線になるようにすると、美しいパーツに仕上がります。

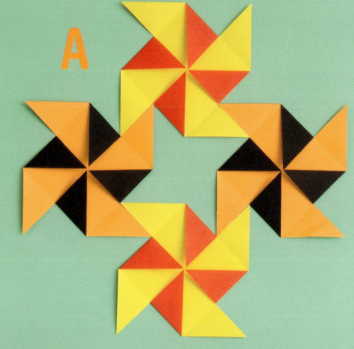

A

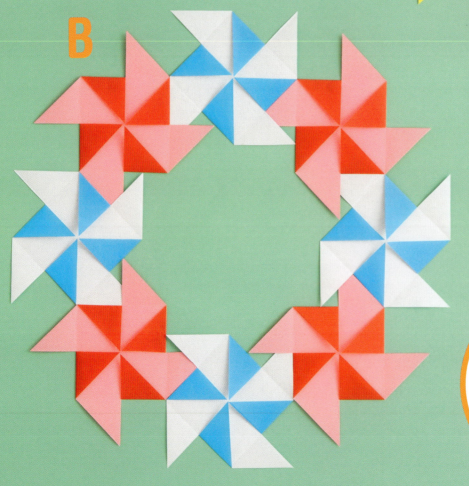

B

使っているパーツ
風車

まずはここから
パーツの作り方
風車

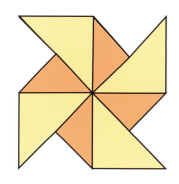

15×15cmのおりがみを四等分して使用します

❶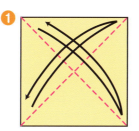
折り線をつけて開く。

❷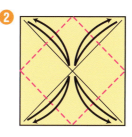
折り線に向かって折って開く。

❸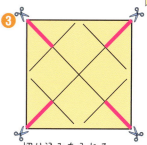
切り込みを入れる。

❹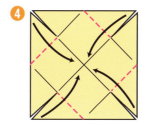
4か所の角を折る。

❺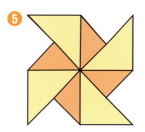
できあがり。

A ×4個

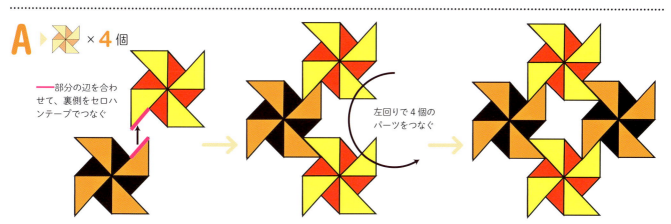

―部分の辺を合わせて、裏側をセロハンテープでつなぐ

左回りで4個のパーツをつなぐ

B ×8個

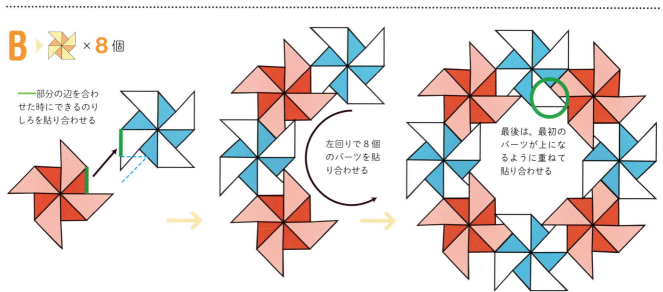

―部分の辺を合わせた時にできるのりしろを貼り合わせる

左回りで8個のパーツを貼り合わせる

最後は、最初のパーツが上になるように重ねて貼り合わせる

04 水晶(すいしょう)

同じパーツを使って、やわらかな印象のサークルと、直線をいかした大きな三角形を作ります。

A

B

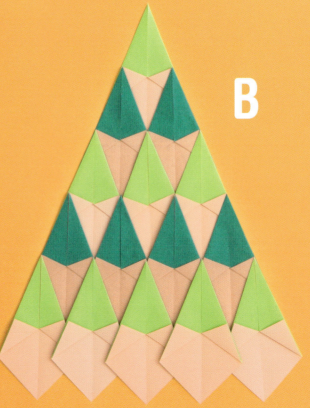

使っているパーツ

水晶

パーツの作り方
水晶

まずはここから

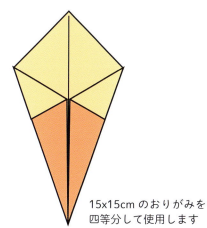

15x15cm のおりがみを四等分して使用します

① 折り線をつけて開く。

② ★と☆の辺が合うように折る。

③ ★と☆の辺が合うように折る。

④ できあがり。

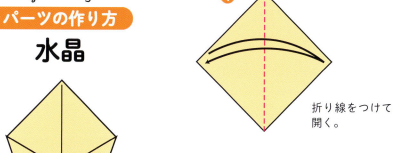

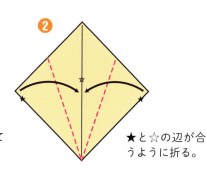

A ×16個

●と●を合わせてパーツを重ねるとできるのりしろを貼り合わせる。━同士が平行になるよう気をつける。同じものを8組作る。

左回りで8組のパーツを重ねて貼り合わせる

最後は、最初のパーツが上になるように重ねて貼り合わせる

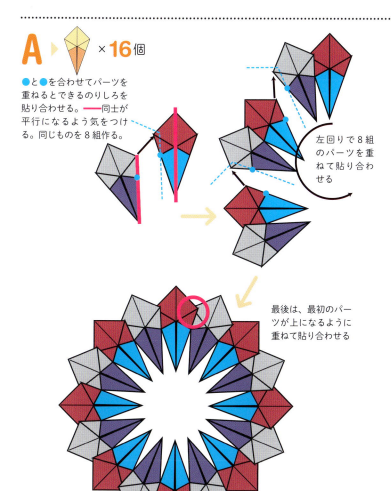

B ×15個

●と●を合わせて、パーツを重ねて貼り合わせる

同様に左側からパーツを重ねて貼り合わせる

2段目は2個、3段目は3個、4段目は4個、5段目は5個貼る

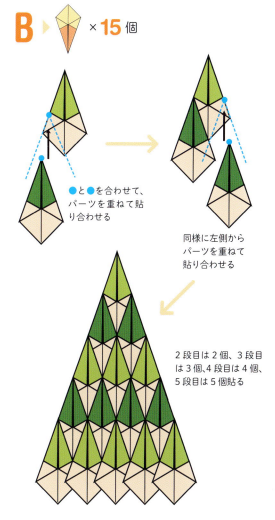

05 富士山
ふじさん

裏側が白いおりがみを使うと、山に雪が積もったような仕上がりに見えるのが面白いですね。

まずはここから
パーツの作り方
富士山

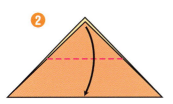

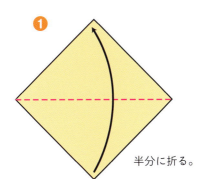

❶ 半分に折る。

❷ 上の1枚だけ折り返す。

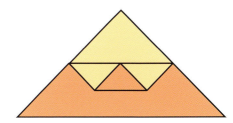

15x15cmのおりがみを四等分して使用します

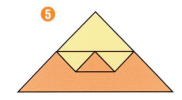

❹ 角を折り返す。

❺ できあがり。

A ▸ 🔺 ×16個

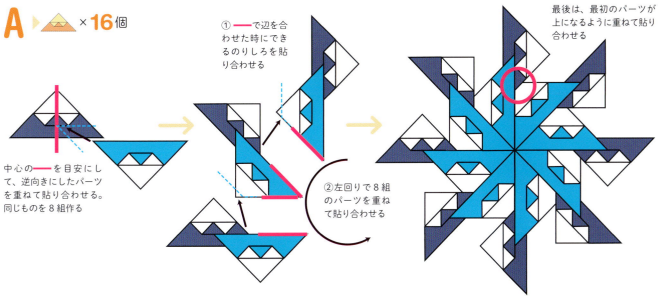

中心の ― を目安にして、逆向きにしたパーツを重ねて貼り合わせる。同じものを8組作る

① ― で辺を合わせた時にできるのりしろを貼り合わせる

② 左回りで8組のパーツを重ねて貼り合わせる

最後は、最初のパーツが上になるように重ねて貼り合わせる

B ▸ 🔺 ×15個

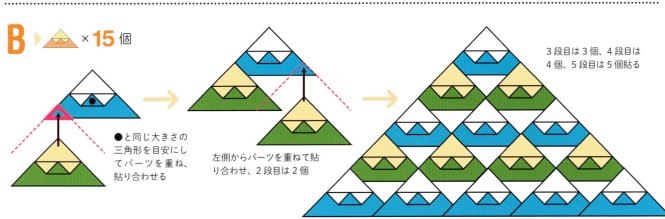

●と同じ大きさの三角形を目安にしてパーツを重ね、貼り合わせる

左側からパーツを重ねて貼り合わせ、2段目は2個

3段目は3個、4段目は4個、5段目は5個貼る

23

06 葉っぱ

パーツを一周貼ると、中心にも規則的な隙間ができます。内側の模様を観察するのも楽しい。

使っているパーツ: 葉っぱ

葉っぱ

まずはここから　パーツの作り方

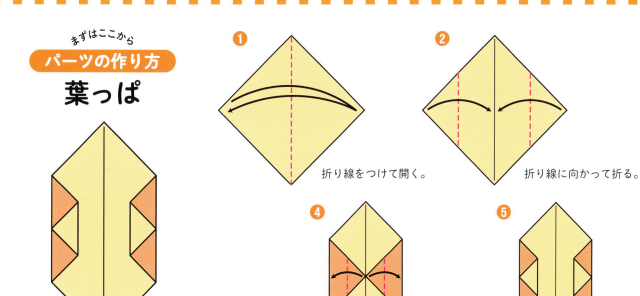

15x15cm のおりがみを四等分して使用します

① 折り線をつけて開く。
② 折り線に向かって折る。
④ 角を折り返す。
⑤ できあがり。

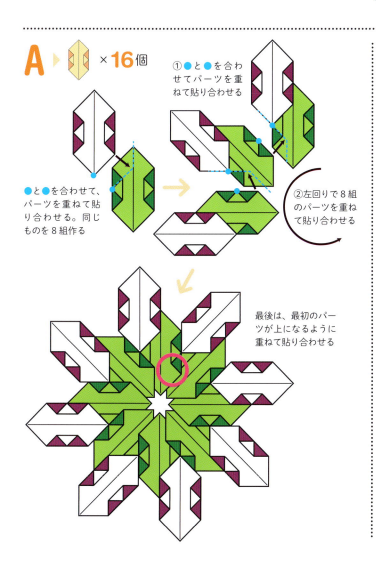

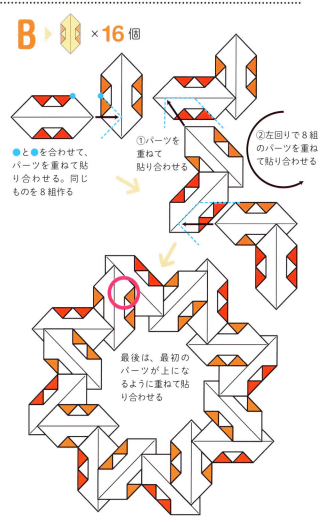

07 くちばし

不安定に見えるパーツも、組み合わせることでしっかりと安定したモチーフになるのが不思議。

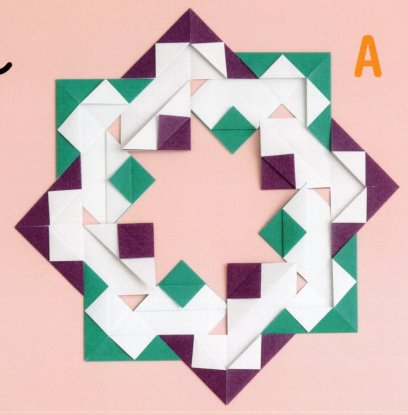

A

B

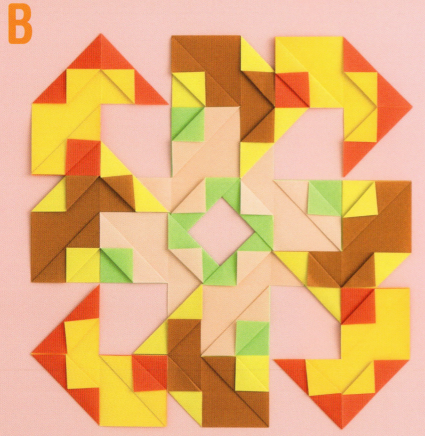

使っているパーツ

くちばし

パーツの作り方
くちばし

まずはここから

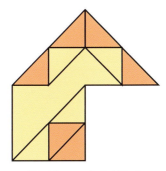

15x15cmのおりがみを四等分して使用します

1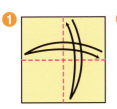
折り線をつけて開く。

2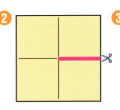
切り込みを入れる。

3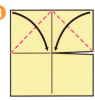
上半分の角を折る。

4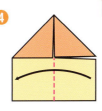
下半分を半分に折る。

5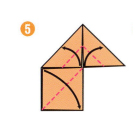
3か所の角を折り返す。

6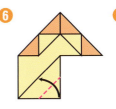
右下の角を折り返す。

7
できあがり。

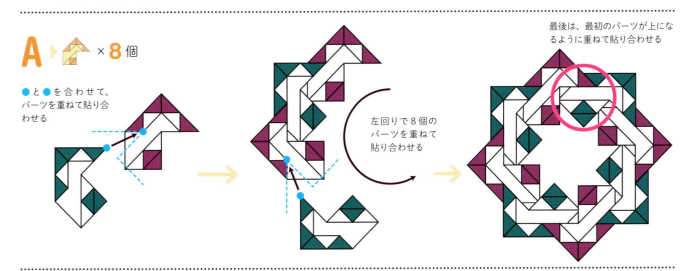

A ×8個

●と●を合わせて、パーツを重ねて貼り合わせる

左回りで8個のパーツを重ねて貼り合わせる

最後は、最初のパーツが上になるように重ねて貼り合わせる

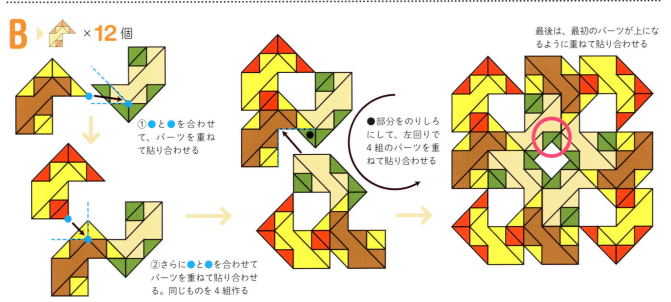

B ×12個

①●と●を合わせて、パーツを重ねて貼り合わせる

②さらに●と●を合わせてパーツを重ねて貼り合わせる。同じものを4組作る

●部分をのりしろにして、左回りで4組のパーツを重ねて貼り合わせる

最後は、最初のパーツが上になるように重ねて貼り合わせる

27

08 つぼみ

使用するおりがみの色味で、花にも葉にも見えるパーツです。中心の正方形をしっかりと見せましょう。

使っているパーツ
つぼみ

まずはここから
パーツの作り方
つぼみ

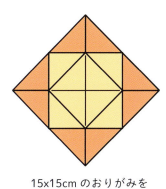

15x15cmのおりがみを四等分して使用します

❶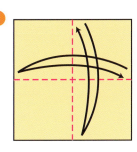
折り線をつけて開く。

❷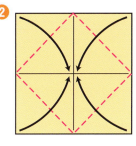
中心に向かって折る。

❸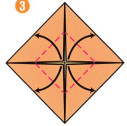
角を折り返す。

❹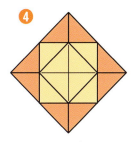
できあがり。

A ▶ ×**9**個

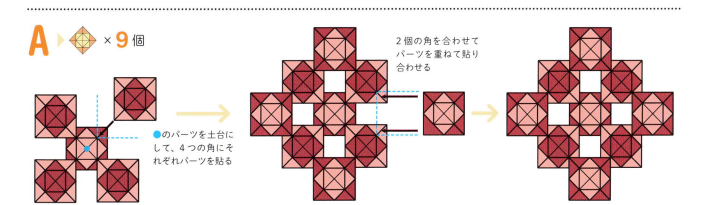

●のパーツを土台にして、4つの角にそれぞれパーツを貼る

2個の角を合わせてパーツを重ねて貼り合わせる

B ▶ ×**13**個

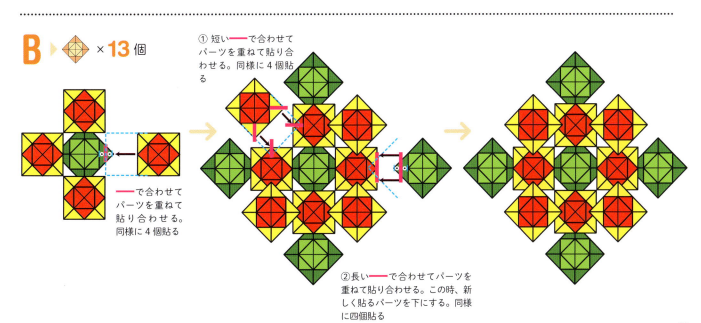

—で合わせてパーツを重ねて貼り合わせる。同様に4個貼る

① 短い—で合わせてパーツを重ねて貼り合わせる。同様に4個貼る

② 長い—で合わせてパーツを重ねて貼り合わせる。この時、新しく貼るパーツを下にする。同様に四個貼る

29

09 花(はな)

中心を切り開いて窓を作る四角いパーツ。切り込みを入れ過ぎないように気をつけてください。

A

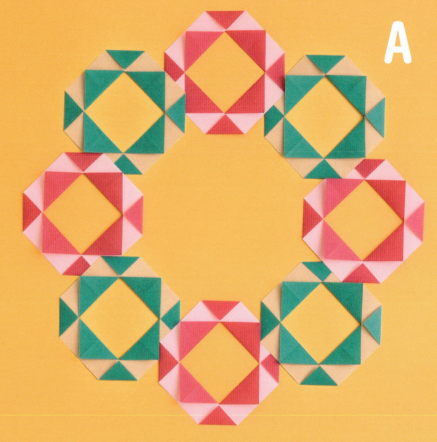

B

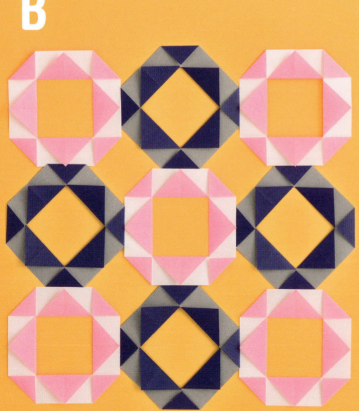

使っているパーツ

花

まずはここから
パーツの作り方
花

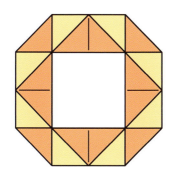

15x15cm のおりがみを四等分して使用します

❶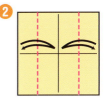
折り線をつけて開く。

❷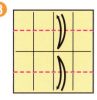
折り線に向かって折って開く。

❸
折り線に向かって折って開く。

❹
半分に折る。

❺
切り込みを入れて開く。

❻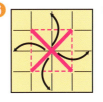
切り込みを入れた部分の角を折り返す。

❼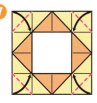
角を折り返す。

❽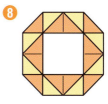
できあがり。

A ▶ ×8個

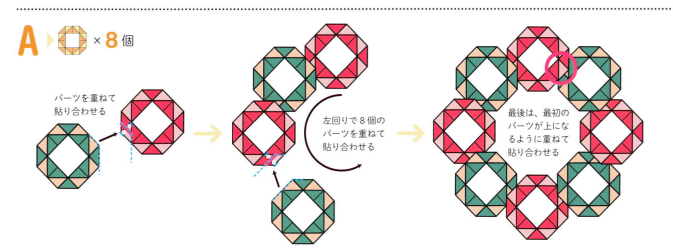

パーツを重ねて貼り合わせる

左回りで8個のパーツを重ねて貼り合わせる

最後は、最初のパーツが上になるように重ねて貼り合わせる

B ▶ ×9個

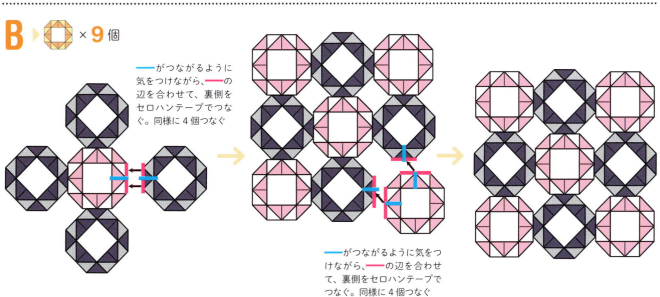

━ がつながるように気をつけながら、━ の辺を合わせて、裏側をセロハンテープでつなぐ。同様に4個つなぐ

━ がつながるように気をつけながら、━ の辺を合わせて、裏側をセロハンテープでつなぐ。同様に4個つなぐ

10 ちょう1

モチーフは、色とりどりの紙で作って、華やかな仕上がりにしてもいいでしょう。

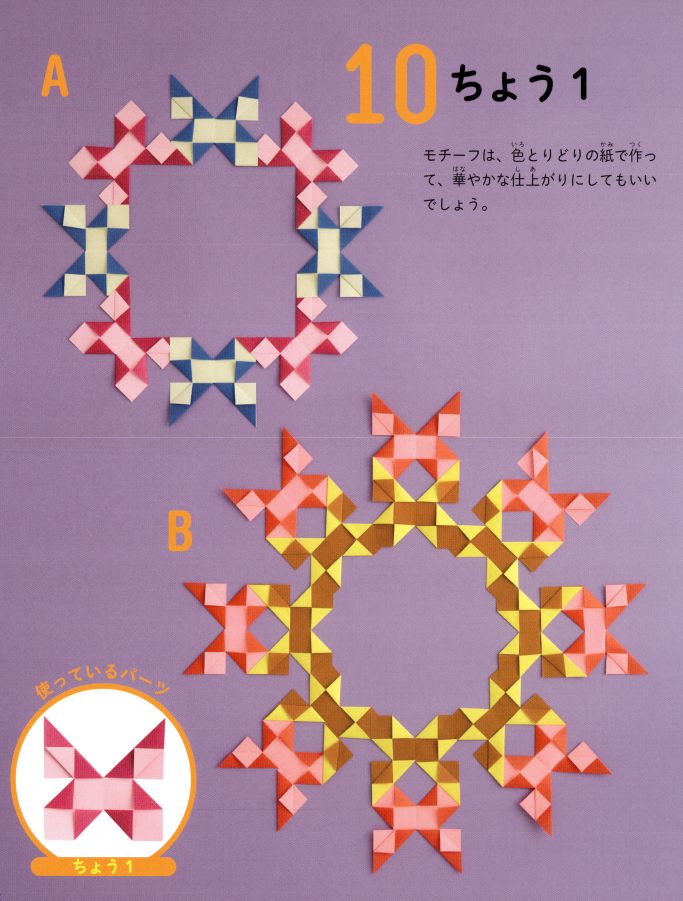

パーツの作り方
ちょう1

まずはここから

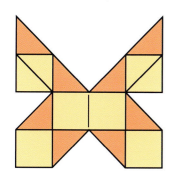

15x15cm のおりがみを
四等分して使用します

①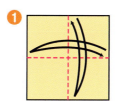
折り線をつけて
開く。

②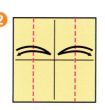
折り線に向かっ
て折って開く。

③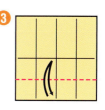
下半分のみ折り線
に向かって折って
開く。

④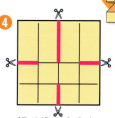
切り込みを入れ
る。

⑤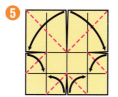
6か所の角を折る。

⑥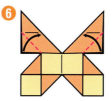
角を折り返す。

⑦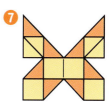
できあがり。

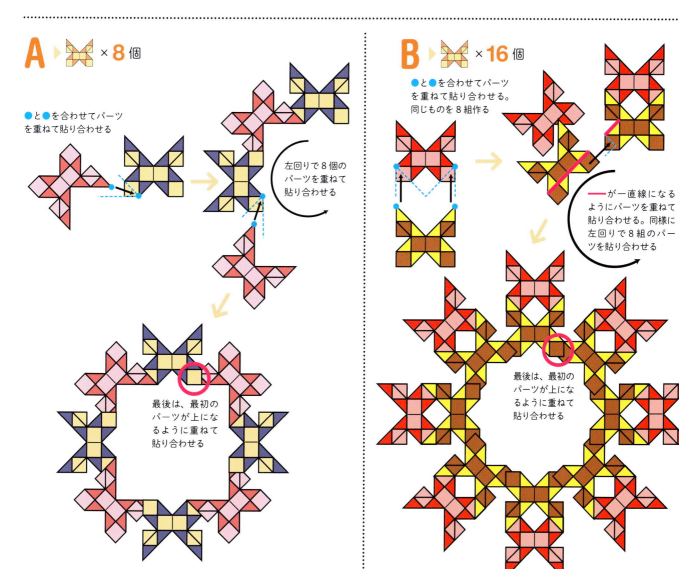

A ×8個
- ●と●を合わせてパーツを重ねて貼り合わせる
- 左回りで8個のパーツを重ねて貼り合わせる
- 最後は、最初のパーツが上になるように重ねて貼り合わせる

B ×16個
- ●と●を合わせてパーツを重ねて貼り合わせる。同じものを8組作る
- ━ が一直線になるようにパーツを重ねて貼り合わせる。同様に左回りで8組のパーツを貼り合わせる
- 最後は、最初のパーツが上になるように重ねて貼り合わせる

立体に組んでみましょう

同じパーツを組み合わせて、立体のモチーフにチャレンジ。
少し厚手で、張りのある紙を使うときれいに仕上がります。

使っているパーツ

07 くちばし (P.26)

1

A色　B色

×12個　×12個

同じ色のパーツをそれぞれ12個ずつ作ります。

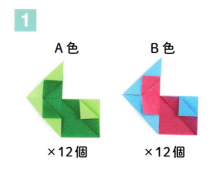

2

同じパーツを4個を、正方形になるように貼り合わせます。

3

貼り合わせる時はパーツを裏返し、裏側をセロハンテープで貼り合わせましょう。

4

同じものを6組作ります。

5

できあがったパーツ全ての4つの角を折り上げます。

6

折り上げた角同士を貼り合わせます。1個の4つの角に、それぞれ1個ずつ貼りましょう。

7

隣り合う面の角同士を貼り合わせます。底は空いている状態です。

8

空いている一面に、残った1個を貼ります。

9

できあがり。

35

11 ちょう2

単色で仕上がるちょうは、シルエットもくっきり。羽先の細い部分はていねいに折りましょう。

使っているパーツ
ちょう2

パーツの作り方
ちょう2

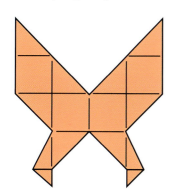

15x15cm のおりがみを四等分して使用します

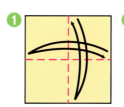
① 折り線をつけて開く。

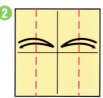
② 折り線に向かって折って開く。

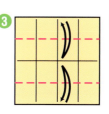
③ 折り線に向かって折って開く。

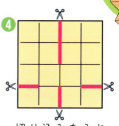
④ 切り込みを入れる。

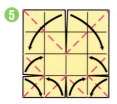
⑤ 8か所の角を折る。

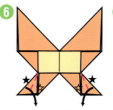
⑥ ★と☆の辺が合うように折る。

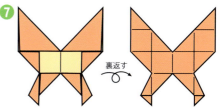
⑦ 裏返してできあがり。

A ×8個

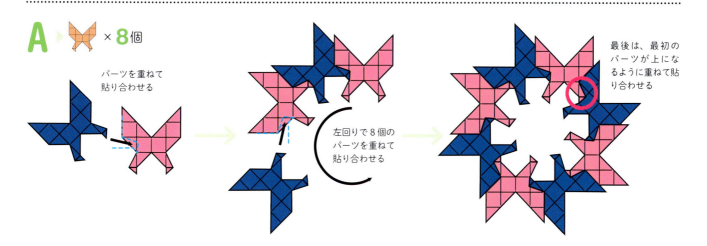

パーツを重ねて貼り合わせる

左回りで8個のパーツを重ねて貼り合わせる

最後は、最初のパーツが上になるように重ねて貼り合わせる

B ×10個

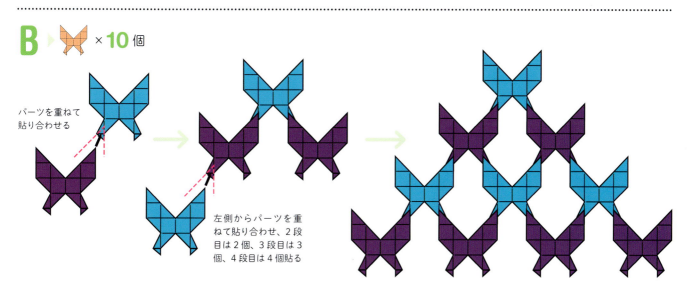

パーツを重ねて貼り合わせる

左側からパーツを重ねて貼り合わせ、2段目は2個、3段目は3個、4段目は4個貼る

37

12 ハート

どんな色で作ってもかわいくできあがるハート。カードに添えて贈ったりしても喜ばれそう。

ハート

まずはここから パーツの作り方

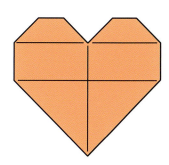

15x15cmのおりがみを四等分して使用します

①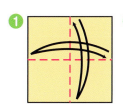
折り線をつけて開く。

②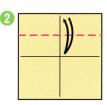
上半分のみ折り線に向かって折って開く。

③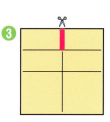
切り込みを入れる。

④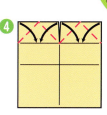
4か所の角を折る。

⑤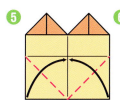
2か所の角を折る。

⑥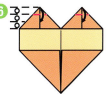
上部の三角形を三等分した、1つ分を折る。

⑦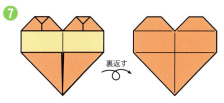
裏返してできあがり。

A ♥×16個

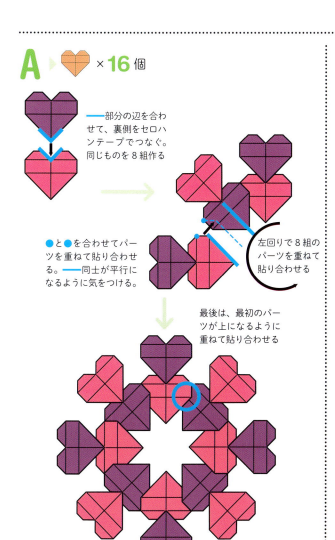

— 部分の辺を合わせて、裏側をセロハンテープでつなぐ。同じものを8組作る

●と●を合わせてパーツを重ねて貼り合わせる。— 同士が平行になるように気をつける。

左回りで8組のパーツを重ねて貼り合わせる

最後は、最初のパーツが上になるように重ねて貼り合わせる

B ♥×20個

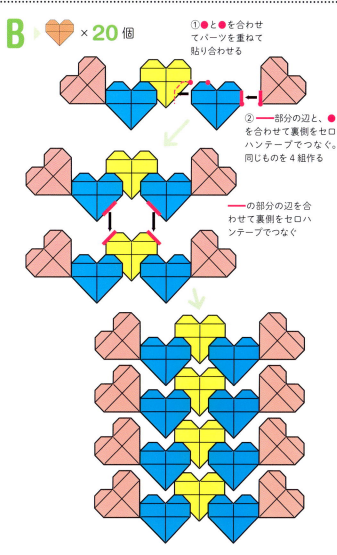

①●と●を合わせてパーツを重ねて貼り合わせる

②—部分の辺と、●を合わせて裏側をセロハンテープでつなぐ。同じものを4組作る

—の部分の辺を合わせて裏側をセロハンテープでつなぐ

13 家(いえ)

切り込みの上と下を逆向きに折ることで、屋根と壁の色の組み合わせを楽しむことができます。

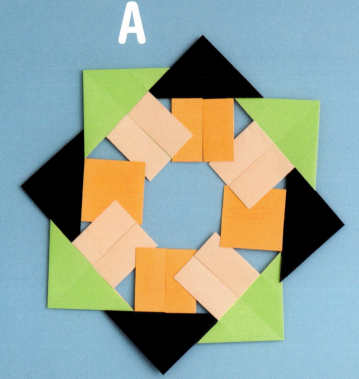

A

使っているパーツ

家

B

まずはここから
パーツの作り方
家

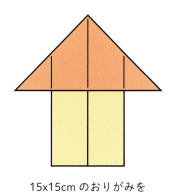

15x15cm のおりがみを四等分して使用します

❶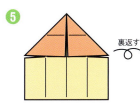
折り線をつけて開く。

❷
折り線に向かって折って開く。

❸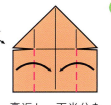
切り込みを入れる。

❹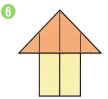
2か所の角を折る。

❺
裏返し、下半分を2か所折り線に向かって折る。

❻
できあがり。

A ×8個

●と●を合わせてパーツを重ねて貼り合わせる

左回りで8個のパーツを重ねて貼り合わせる

最後は、最初のパーツが上になるように重ねて貼り合わせる

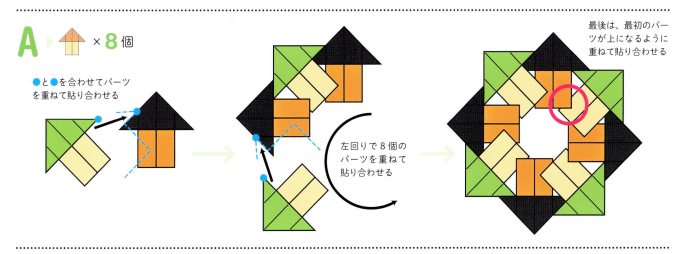

B ×15個

●と●を合わせてパーツを重ねて貼り合わせる

左側からパーツを重ねて貼り合わせ、2段目は2個、3段目は3個、4段目は4個、5段目は5個貼る

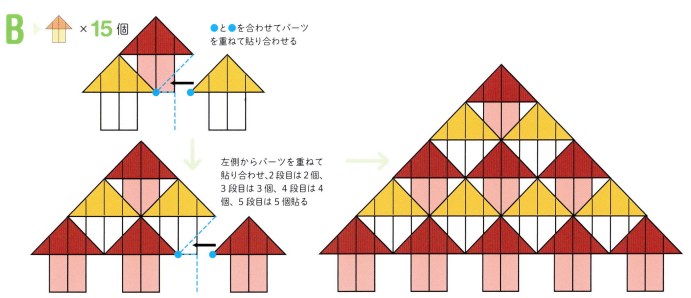

14 木

モミの木のようなシルエットになる木のパーツ。赤×緑のクリスマスカラーで作ってリースにしても。

使っているパーツ

木

木

まずはここから
パーツの作り方
木

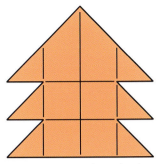

15x15cm のおりがみを四等分して使用します

❶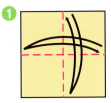
折り線をつけて開く。

❷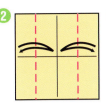
折り線に向かって折って開く。

❸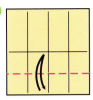
下半分のみ折り線に向かって折って開く。

❹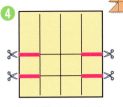
切り込みを入れる。

❺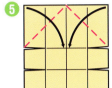
2か所の角を折る。

❻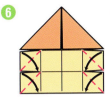
4か所の角を折る。

❼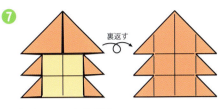
裏返してできあがり。

A ×15個

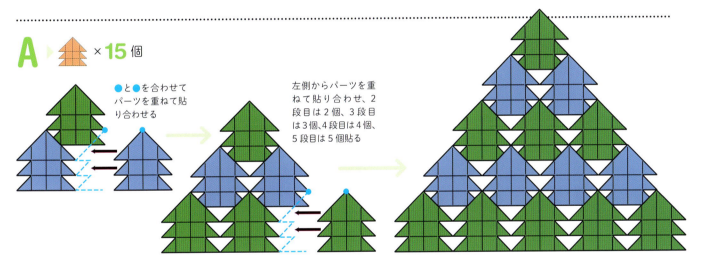

●と●を合わせてパーツを重ねて貼り合わせる

左側からパーツを重ねて貼り合わせ、2段目は2個、3段目は3個、4段目は4個、5段目は5個貼る

B ×16個

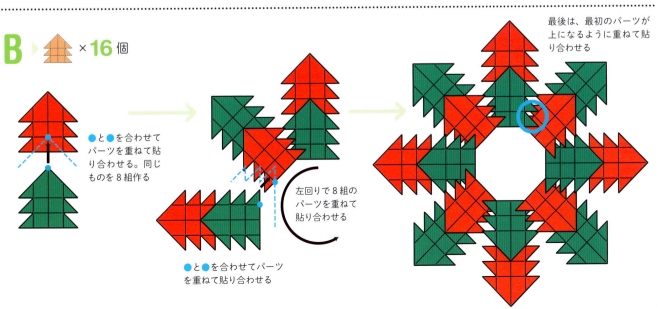

●と●を合わせてパーツを重ねて貼り合わせる。同じものを8組作る

●と●を合わせてパーツを重ねて貼り合わせる

左回りで8組のパーツを重ねて貼り合わせる

最後は、最初のパーツが上になるように重ねて貼り合わせる

43

15 ダイヤモンド

パーツを組み合わせることで、思いもよらないところに不思議な模様が浮かびあがります。

ダイヤモンド

まずはここから
パーツの作り方
ダイヤモンド

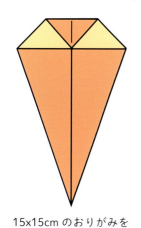

15x15cm のおりがみを四等分して使用します

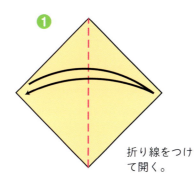

① 折り線をつけて開く。

② ★と☆の線が合うように折る。

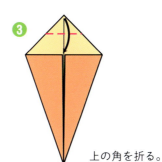

③ 上の角を折る。

④ できあがり。

A

×8個

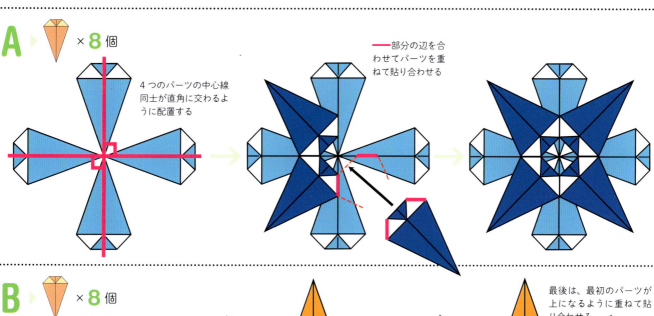

4つのパーツの中心線同士が直角に交わるように配置する

――部分の辺を合わせてパーツを重ねて貼り合わせる

B

×8個

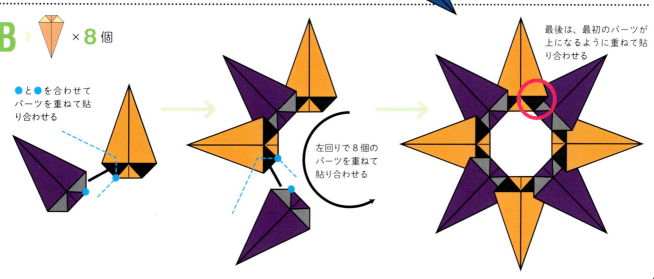

●と●を合わせてパーツを重ねて貼り合わせる

左回りで8個のパーツを重ねて貼り合わせる

最後は、最初のパーツが上になるように重ねて貼り合わせる

16 ブーメラン

折り返す部分が多いパーツは、折ったあとしばらく本などにはさんでおくとピシっとした仕上がりに。

使っているパーツ
ブーメラン

まずはここから
パーツの作り方
ブーメラン

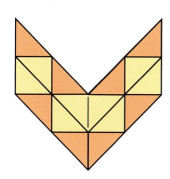

15x15cm のおりがみを四等分して使用します

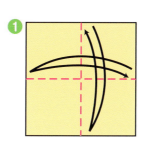

① 折り線をつけて開く。

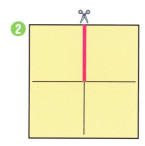

② 切り込みを入れる。

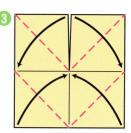

③ 4か所の角を折る。

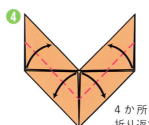

④ 4か所の角を折り返す。

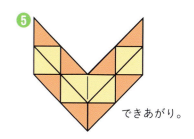

⑤ できあがり。

A ×8個

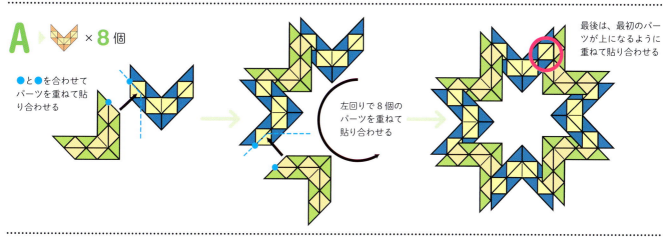

●と●を合わせてパーツを重ねて貼り合わせる

左回りで8個のパーツを重ねて貼り合わせる

最後は、最初のパーツが上になるように重ねて貼り合わせる

B ×16個

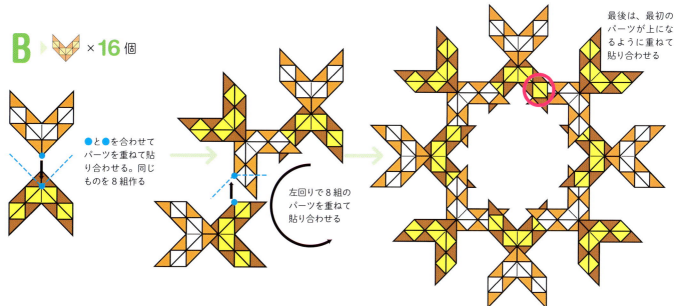

●と●を合わせてパーツを重ねて貼り合わせる。同じものを8組作る

左回りで8組のパーツを重ねて貼り合わせる

最後は、最初のパーツが上になるように重ねて貼り合わせる

47

17 矢印

平行になる部分や、折り線、線をつなげてできる形に注目して、パーツをつなげていきましょう。

使っているパーツ
矢印

矢印

まずはここから
パーツの作り方
矢印

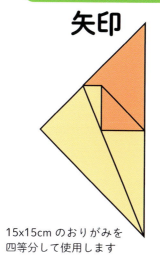

15x15cm のおりがみを四等分して使用します

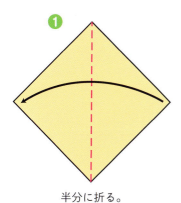

❶ 半分に折る。

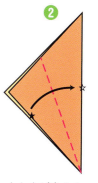

❷ ☆と★が合うように折る。

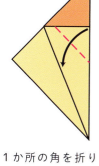

❸ 1か所の角を折り返す（折り返した上下の角が 90 度になるようにする）。

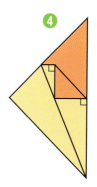

❹ できあがり。

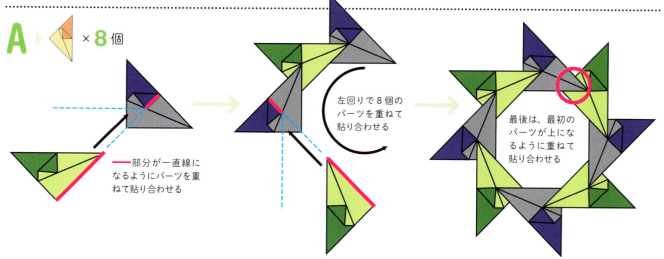

A ×8個

― 部分が一直線になるようにパーツを重ねて貼り合わせる

左回りで8個のパーツを重ねて貼り合わせる

最後は、最初のパーツが上になるように重ねて貼り合わせる

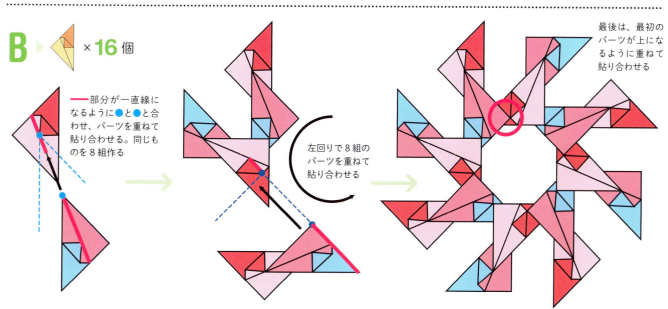

B ×16個

― 部分が一直線になるように●と●と合わせ、パーツを重ねて貼り合わせる。同じものを8組作る

左回りで8組のパーツを重ねて貼り合わせる

最後は、最初のパーツが上になるように重ねて貼り合わせる

49

18 もみじ

パーツだけでも十分かわいいもみじ。秋を彩る室内装飾に仕上げるのも素敵です。

使っているパーツ
もみじ

パーツの作り方
もみじ

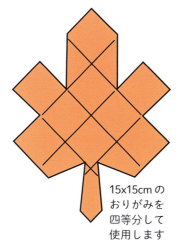

15×15cmの おりがみを 四等分して 使用します

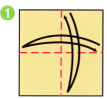
① 折り線をつけて開く。

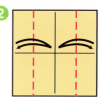
② 折り線に向かって折って開く。

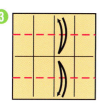
③ 折り線に向かって折って開く。

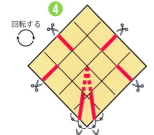
④ 45度回転させ、切り込みを入れる。

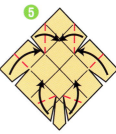
⑤ 6か所の角を折る。

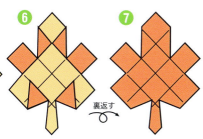
⑥ ⑦ 裏返してできあがり。

A ×8個

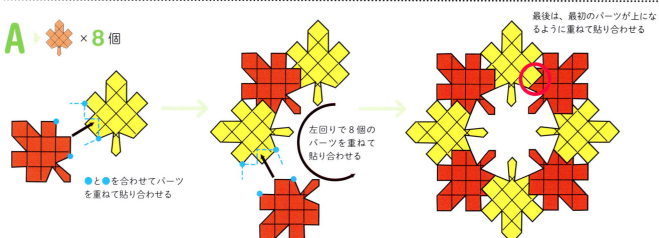

●と●を合わせてパーツを重ねて貼り合わせる

左回りで8個のパーツを重ねて貼り合わせる

最後は、最初のパーツが上になるように重ねて貼り合わせる

B ×8個

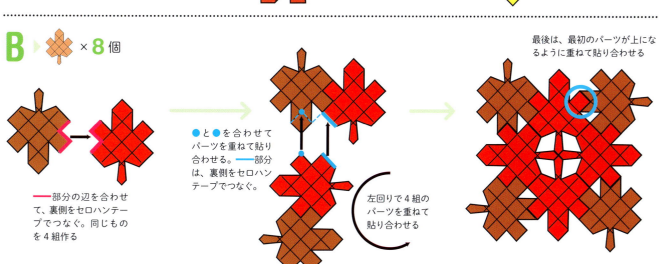

ー部分の辺を合わせて、裏側をセロハンテープでつなぐ。同じものを4組作る

●と●を合わせてパーツを重ねて貼り合わせる。ー部分は、裏側をセロハンテープでつなぐ。

左回りで4組のパーツを重ねて貼り合わせる

最後は、最初のパーツが上になるように重ねて貼り合わせる

19 羽根(はね)

鋭角(えいかく)は、ピシっと折り線(おりせん)をつけることが大切(たいせつ)。ずれないようにしっかり確認(かくにん)し、きっちり折りましょう。

A

B
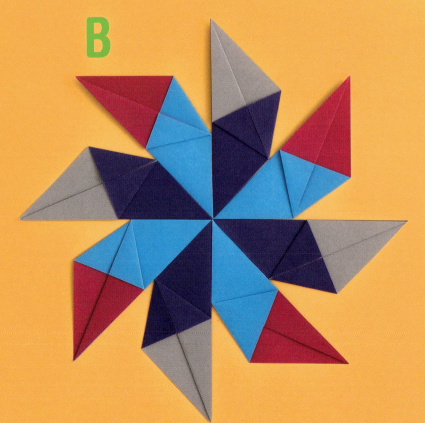

使っているパーツ
羽根

まずはここから
パーツの作り方
羽根

15x15cm のおりがみを四等分して使用します

① 半分に折る。

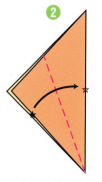

② ★と☆の線が合うように折る。

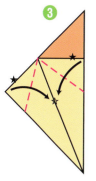

③ ★と☆の線が合うように折る。

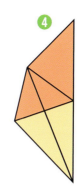

④ できあがり。

A ×8個

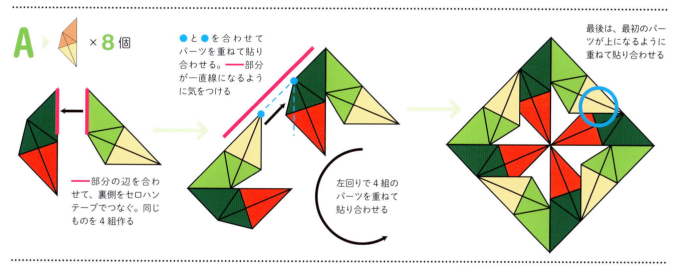

― 部分の辺を合わせて、裏側をセロハンテープでつなぐ。同じものを4組作る

● と ● を合わせてパーツを重ねて貼り合わせる。― 部分が一直線になるように気をつける

左回りで4組のパーツを重ねて貼り合わせる

最後は、最初のパーツが上になるように重ねて貼り合わせる

B ×8個

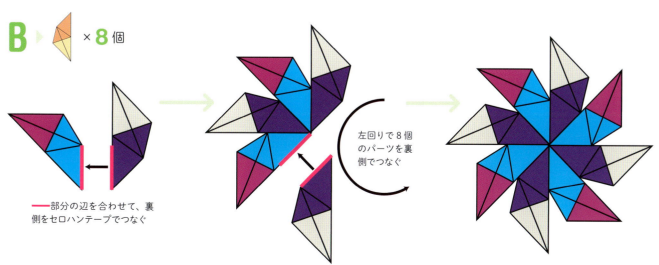

― 部分の辺を合わせて、裏側をセロハンテープでつなぐ

左回りで8個のパーツを裏側でつなぐ

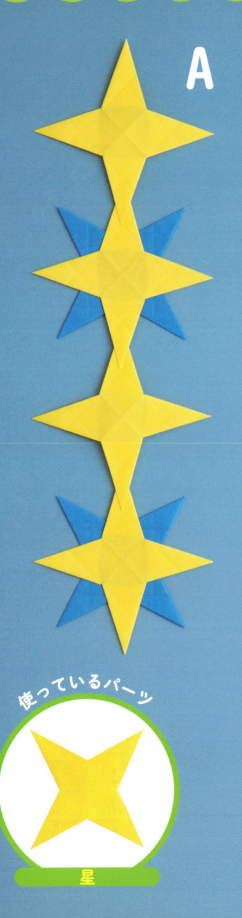

20 星

1色でシンプルに仕上がるパーツ。たくさんつなげて壁面に飾っても楽しい。

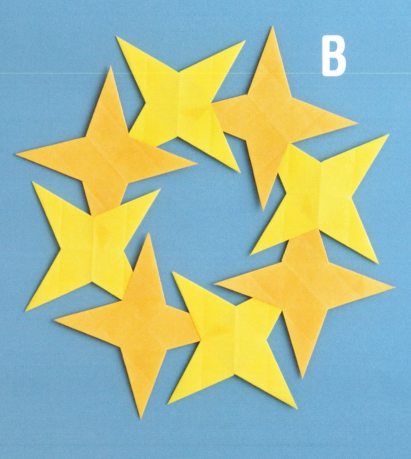

使っているパーツ

星

まずはここから
パーツの作り方
星

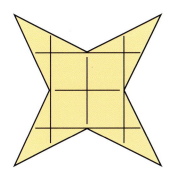

15x15cmのおりがみを四等分して使用します

1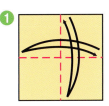
折り線をつけて開く。

2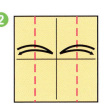
折り線に向かって折って開く。

3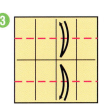
折り線に向かって折って開く。

4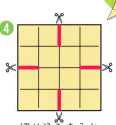
切り込みを入れる。

5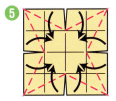
8か所の角を折る。

6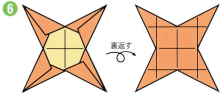
裏返す
裏返してできあがり。

A ×6個

━━でパーツを重ねて貼り合わせる。同じものを2組作る。

●と●を合わせてパーツを重ねて貼り合わせる

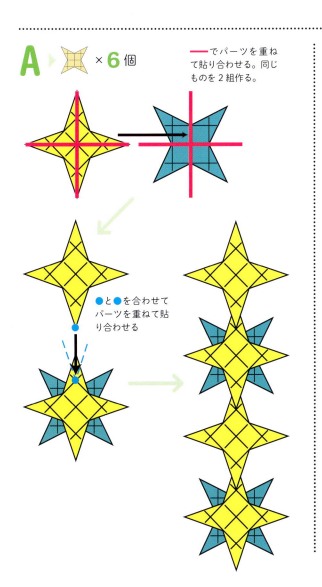

B ×8個

●と●を合わせてパーツを重ねて貼り合わせる。━━のような三角形ができるように注意する

左回りで8個のパーツを重ねて貼り合わせる

最後は、最初のパーツが上になるように重ねて貼り合わせる

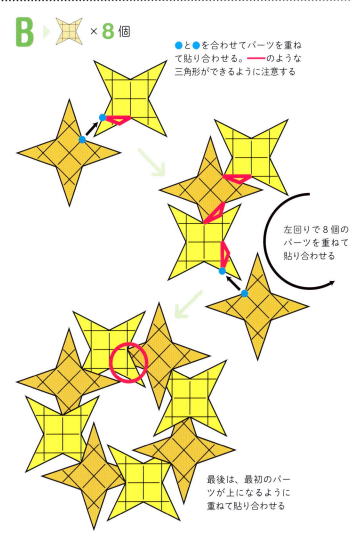

55

立体に組んでみましょう ②

高さのある立体に組めば、
ちょっとした花瓶カバーなどにも使うことができます。

使っているパーツ

01 クロス (P.14)

作り方

1

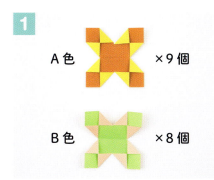

A色 ×9個

B色 ×8個

同じ色のパーツをそれぞれ9個、8個ずつ作ります。

2

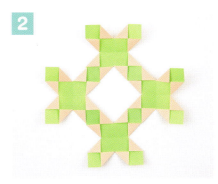

B色の4個の角を貼り合わせます。

3

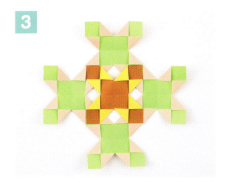

中心にA色のパーツを1個貼ります。

4

B色4個を半分折り上げます。

5

折り上げたパーツの角に、A色のパーツをそれぞれ貼ります。

6

同様に、B色をもう1段貼ります。

7

A色をもう1段貼ります。

8

A色を半分外側に折ります。

9

できあがり。

57

21 猫のつめ

三角形にカットしたおりがみを使って作ります。飛び出た三角形が、猫のつめのように見えますね。

A

B

使っているパーツ
猫のつめ

パーツの作り方
猫のつめ

まずはここから

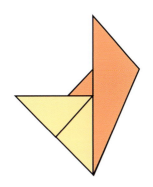

15x15cmのおりがみを四等分し、さらに対角線で三角形にカットして使用します

❶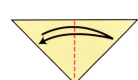

折り線をつけて開く。

❷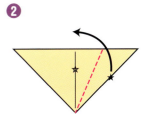

★と☆の線が合うように折る。

❸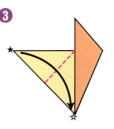

☆と★が合うように折る。

❹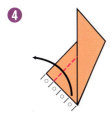

左半分を四等分した3つ分を1枚だけ折り返す。

❺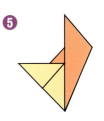

できあがり。

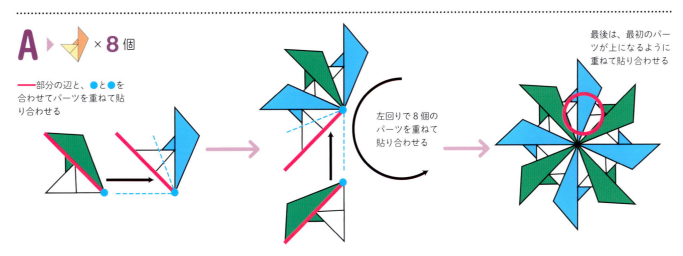

A ×8個

— 部分の辺と、●と●を合わせてパーツを重ねて貼り合わせる

左回りで8個のパーツを重ねて貼り合わせる

最後は、最初のパーツが上になるように重ねて貼り合わせる

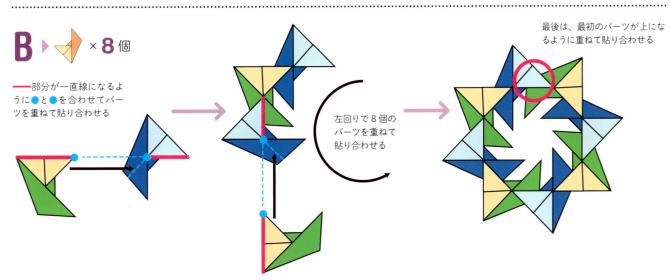

B ×8個

— 部分が一直線になるように●と●を合わせてパーツを重ねて貼り合わせる

左回りで8個のパーツを重ねて貼り合わせる

最後は、最初のパーツが上になるように重ねて貼り合わせる

22 ヨット

とっても簡単に作れるパーツです。つなげる時は中央に隙間ができないように注意しましょう。

パーツの作り方
ヨット

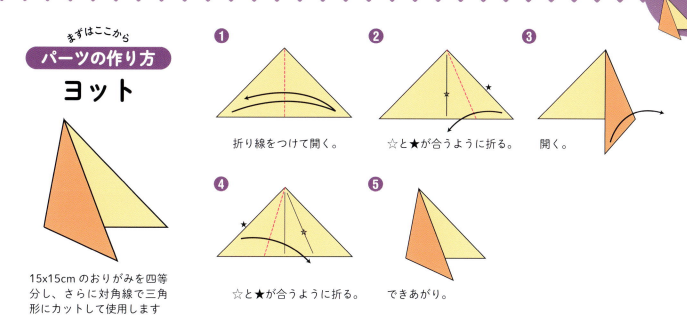

15x15cmのおりがみを四等分し、さらに対角線で三角形にカットして使用します

1. 折り線をつけて開く。
2. ☆と★が合うように折る。
3. 開く。
4. ☆と★が合うように折る。
5. できあがり。

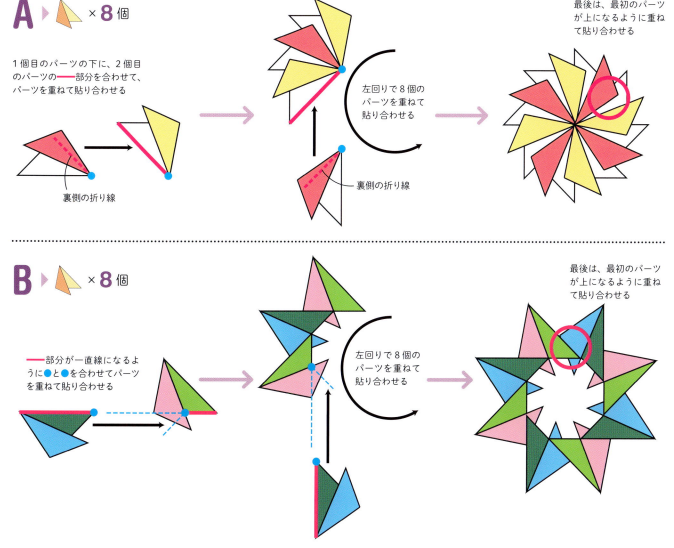

A ×8個

1個目のパーツの下に、2個目のパーツの━部分を合わせて、パーツを重ねて貼り合わせる

裏側の折り線

左回りで8個のパーツを重ねて貼り合わせる

裏側の折り線

最後は、最初のパーツが上になるように重ねて貼り合わせる

B ×8個

━部分が一直線になるように●と●を合わせてパーツを重ねて貼り合わせる

左回りで8個のパーツを重ねて貼り合わせる

最後は、最初のパーツが上になるように重ねて貼り合わせる

23 プリズム

直線同士をつないでいくと、いつの間にか円ができあがるのが不思議。合わせる場所に気をつけましょう。

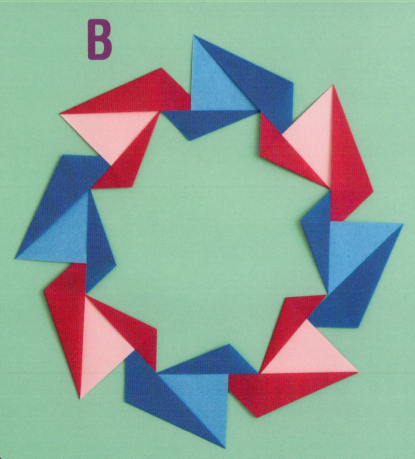

使っているパーツ
プリズム

プリズム

まずはここから
パーツの作り方
プリズム

15x15cmのおりがみを四等分し、さらに対角線で三角形にカットして使用します

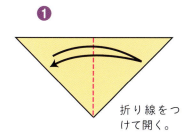

❶ 折り線をつけて開く。

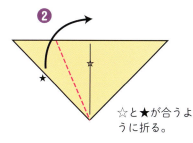

❷ ☆と★が合うように折る。

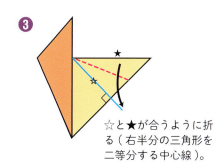

❸ ☆と★が合うように折る（右半分の三角形を二等分する中心線）。

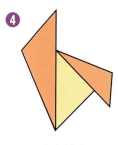

❹ できあがり。

A ×8個

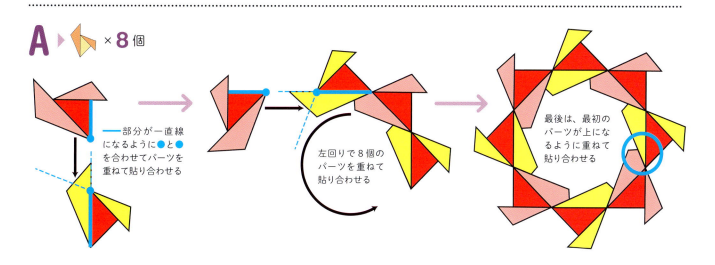

—部分が一直線になるように●と●を合わせてパーツを重ねて貼り合わせる

左回りで8個のパーツを重ねて貼り合わせる

最後は、最初のパーツが上になるように重ねて貼り合わせる

B ×8個

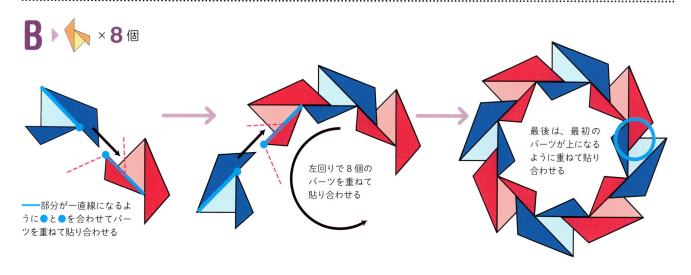

—部分が一直線になるように●と●を合わせてパーツを重ねて貼り合わせる

左回りで8個のパーツを重ねて貼り合わせる

最後は、最初のパーツが上になるように重ねて貼り合わせる

まずはここから
パーツの作り方
えんぴつ

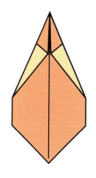

15x15cm のおりがみを半分に
カットして使用します

① 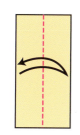 折り線をつけて開く。

② 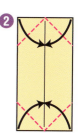 4か所の角を折る。

③ 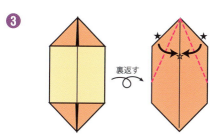 裏返して★と☆の線が合うように折る。

④ 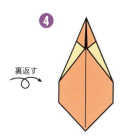 できあがり。

A ×8個

●と●を合わせて
パーツを重ねて貼り
合わせる

左回りで8個の
パーツを重ねて
貼り合わせる

最後は、最初のパーツ
が上になるように重ね
て貼り合わせる

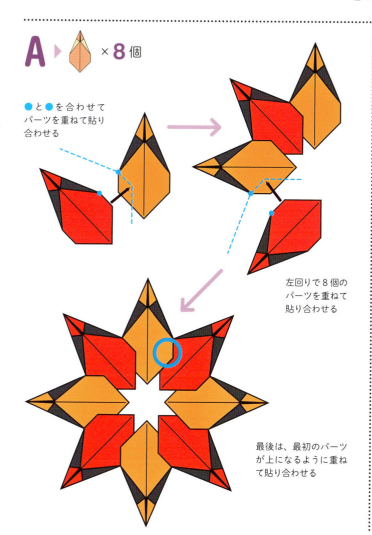

B ×10個

●と●を合わせ
てパーツを重ね
て貼り合わせる

左側からパーツ
を重ねて貼り合わ
せ、2段目は2個、
3段目は3個、4
段目は4個貼る

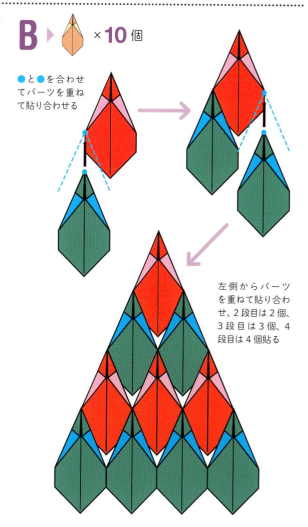

25 うさぎ

中央に入れる切り込みは、切り過ぎないように注意。破らないように気をつけて折ってください。

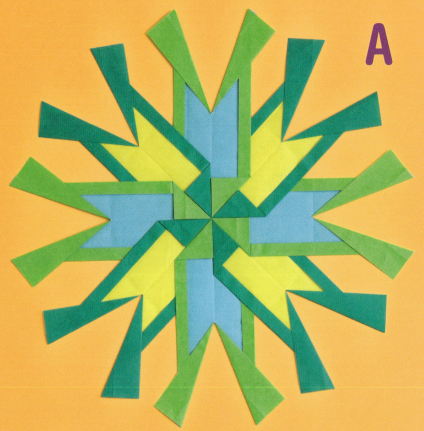

A

B

使っているパーツ

うさぎ

うさぎ

まずはここから
パーツの作り方
うさぎ

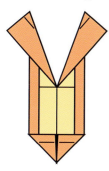

15x15cm のおりがみを半分にカットして使用します

①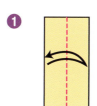
折り線をつけて開く。

②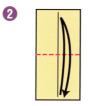
折り線をつけて開く。

③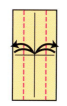
折り線に向かって折って開く。

④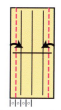
折り線に向かって折る。

⑤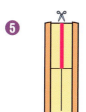
切り込みを入れる。

⑥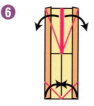
4か所の角を折る。

⑦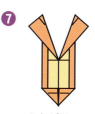
できあがり。

A ▶  ×8個

●と●を合わせてパーツを重ねて貼り合わせる

左回りで8個のパーツを重ねて貼り合わせる

最後は、最初のパーツが上になるように重ねて貼り合わせる

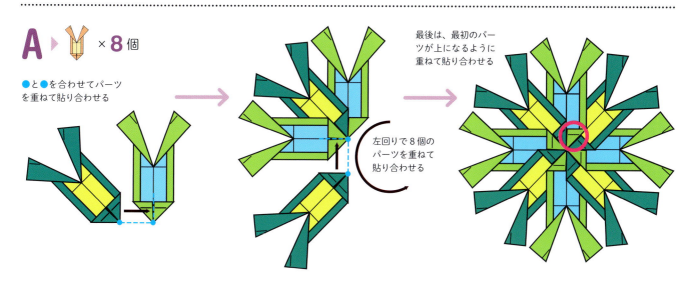

B ▶ ×8個

●と●を合わせてパーツを重ねて貼り合わせる

左回りで8個のパーツを重ねて貼り合わせる

最後は、最初のパーツが上になるように重ねて貼り合わせる

この部分の手前に引き出す

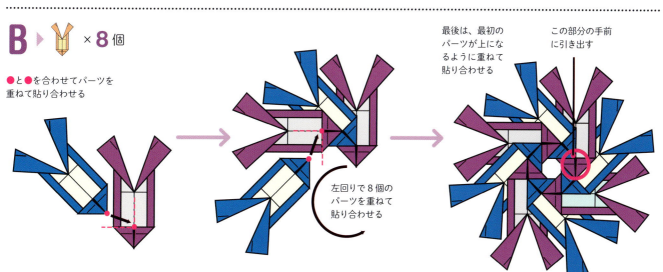

67

26 チューリップ

春のお花、チューリップは、さまざまな色で作って、大きなリースにするのも素敵ですね。

A

B

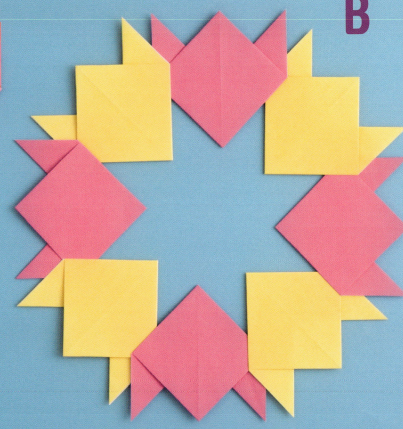

使っているパーツ
チューリップ

チューリップ

まずはここから
パーツの作り方

15x15cmのおりがみを半分に
カットして使用します

1 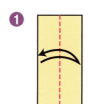 折り線をつけて開く。

2 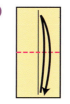 折り線をつけて開く。

3 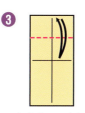 上半分のみ折り線に向かって折って開く。

4 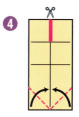 切り込みを入れ、下の角を折る。

5 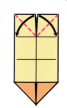 上の角を折る。

6 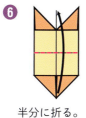 半分に折る。

7 裏返す 2か所の角を折る。

8 裏返す できあがり。

A ×9個

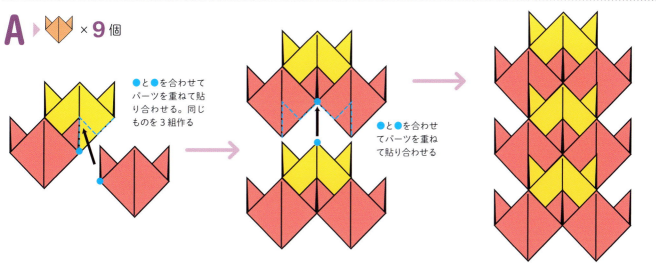

●と●を合わせてパーツを重ねて貼り合わせる。同じものを3組作る

●と●を合わせてパーツを重ねて貼り合わせる

B ×8個

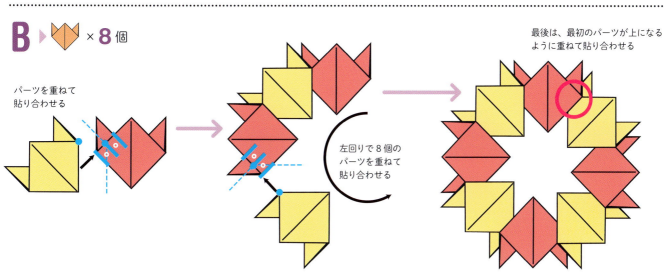

パーツを重ねて貼り合わせる

左回りで8個のパーツを重ねて貼り合わせる

最後は、最初のパーツが上になるように重ねて貼り合わせる

69

27 ナイフ

長方形のパーツから、平行四辺形を作ります。中に正方形が2つできるのを確認しながら作りましょう。

A

B

使っているパーツ

ナイフ

まずはここから
パーツの作り方
ナイフ

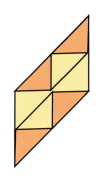

15×15cmのおりがみを半分にカットして使用します

❶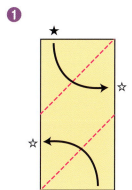

☆と★の辺が合うように折る。

❷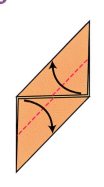

2か所の角を折り返す。

❸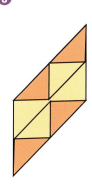

できあがり。

A ▸ ×8個

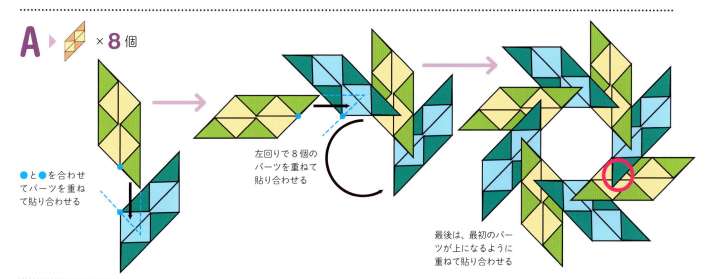

●と●を合わせてパーツを重ねて貼り合わせる

左回りで8個のパーツを重ねて貼り合わせる

最後は、最初のパーツが上になるように重ねて貼り合わせる

B ▸ ×8個

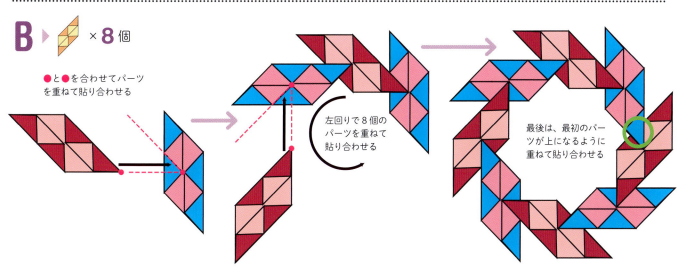

●と●を合わせてパーツを重ねて貼り合わせる

左回りで8個のパーツを重ねて貼り合わせる

最後は、最初のパーツが上になるように重ねて貼り合わせる

28 万華鏡[まんげきょう]

折る部分が少し複雑なパーツです。角がつぶれないように気をつけながら、しっかり折ってください。

A

B

使っているパーツ

万華鏡

パーツの作り方
万華鏡

まずはここから

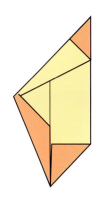

15x15cmのおりがみを半分にカットして使用します

1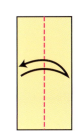
折り線をつけて開く。

2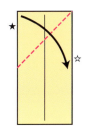
★と☆の辺が合うように折る。

3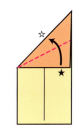
☆と★の辺が合うように角を折り返す。

4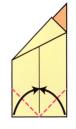
2か所の角を折る。

5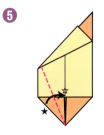
★と☆の辺が合うように折る。

6
できあがり。

A ×8個

●と●を合わせてパーツを重ねて貼り合わせる

左回りで8個のパーツを重ねて貼り合わせる

最後は、最初のパーツが上になるように重ねて貼り合わせる

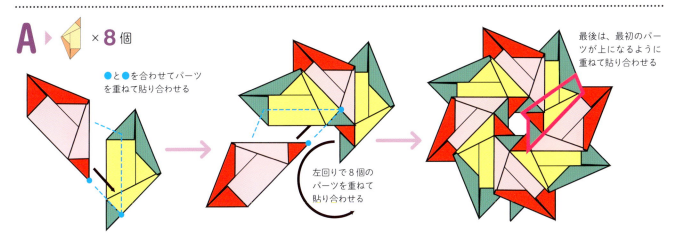

B ×8個

●と●を合わせてパーツを重ねて貼り合わせる

左回りで8個のパーツを重ねて貼り合わせる

最後は、最初のパーツが上になるように重ねて貼り合わせる

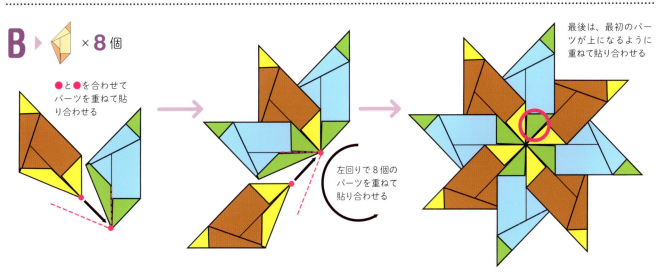

29 つるぎ

パーツの合わせる向きを逆にするだけで、印象の違うモチーフを作ることができます。

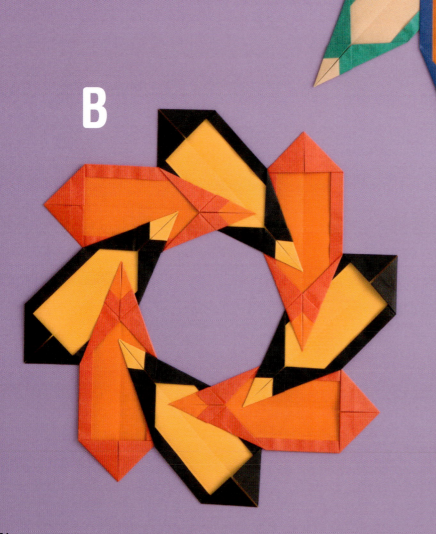

使っているパーツ
つるぎ

つるぎ

パーツの作り方
つるぎ

まずはここから

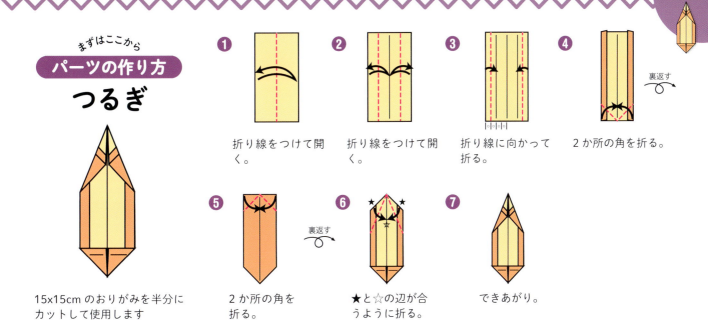

15x15cm のおりがみを半分にカットして使用します

1. 折り線をつけて開く。
2. 折り線をつけて開く。
3. 折り線に向かって折る。
4. 2か所の角を折る。裏返す
5. 2か所の角を折る。裏返す
6. ★と☆の辺が合うように折る。
7. できあがり。

A ×8個

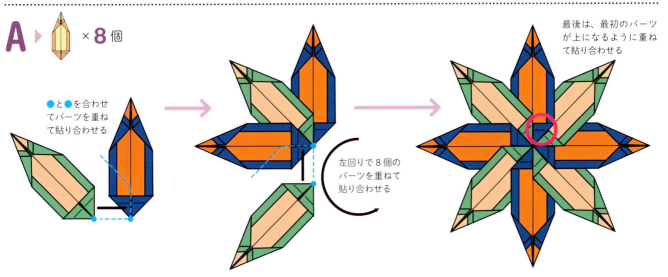

●と●を合わせてパーツを重ねて貼り合わせる

左回りで8個のパーツを重ねて貼り合わせる

最後は、最初のパーツが上になるように重ねて貼り合わせる

B ×8個

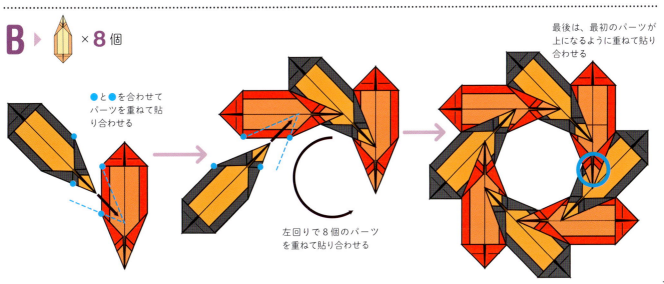

●と●を合わせてパーツを重ねて貼り合わせる

左回りで8個のパーツを重ねて貼り合わせる

最後は、最初のパーツが上になるように重ねて貼り合わせる

30 額縁

くの字にできあがるパーツ。つなぐと本物の額縁のように仕上がるので、写真やイラストを飾っても。

A

B

使っているパーツ

額縁

まずはここから
パーツの作り方
額縁

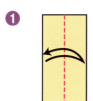
① 折り線をつけて開く。

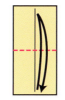
② 折り線をつけて開く。

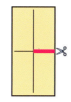
③ 切り込みを入れる。

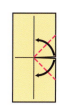
④ 2か所の角を折る。

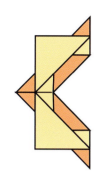

15x15cm のおりがみを半分にカットして使用します

⑤ 2か所の角を折る。

⑥ 辺を四等分した3つ分を折る。

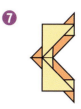
⑦ できあがり。

A ▶ ×4個

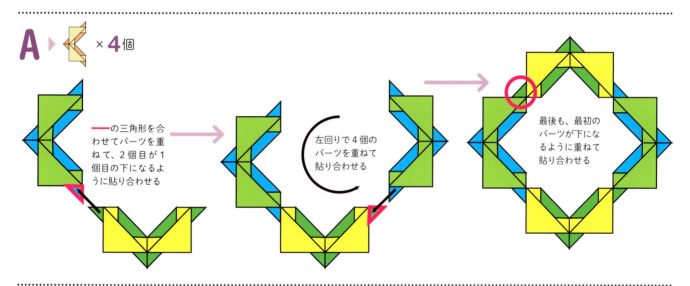

B ▶ ×8個

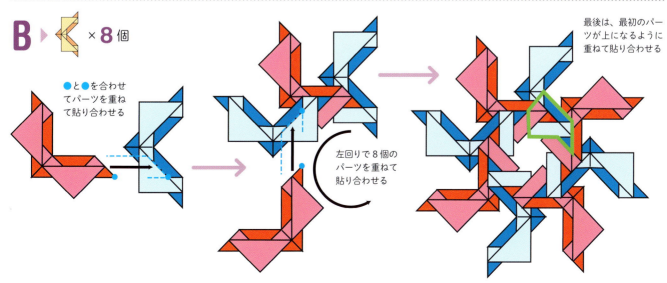

パーツの楽しみ方

作ったパーツを様々な角度で楽しみましょう。

光に透かしてみましょう

窓にモチーフを貼ると、光が透けてまた違った楽しみが生まれます。重なった部分の色合いや、明暗のコントラストを鑑賞してみてください。

吊るしてみましょう

モチーフにひもをつけて、モビールとして楽しんでみましょう。空気の動きでゆらゆらと揺れるモチーフを眺めていると、自然と穏やかに気持ちになります。

大原まゆみ

造形作家。切り紙をはじめとして、折り紙、ビーズ・アクセサリー、陶芸、フラワー・アレンジメントなど、暮らしの中での存在感をテーマにユニークな作品を数多く生み出している。「切り紙でつくる花のくす玉」「切り紙でつくる季節の花図鑑」（誠文堂新光社刊）など著書多数。

Staff
ブックデザイン　山田素子（スタジオダンク）
撮影　白井由香里
編集協力　大原英樹
編集　浦崎朋子

おりがみパズル

発行日／2018年1月11日
著者／大原まゆみ
発行人／瀬戸信昭
編集人／今　ひろ子
発行所／株式会社日本ヴォーグ社
　　　〒164-8705　東京都中野区弥生町5-6-11
　　　TEL　03-3383-0634（編集）　03-3383-0628（販売）
振替　00170-4-9877
出版受注センター／TEL 03-3383-0650　FAX 03-3383-0680
印刷所／凸版印刷株式会社

Printed in Japan © Mayumi Ohara 2018
NV70457 ISBN 978-4-529-05766-0 C0076

● 本書の複製権・翻訳権・上映権・譲渡権・公衆送信権（送信可能化権を含む）は株式会社日本ヴォーグ社管理の委託を受けています。
● JCOPY <（社）出版者著作権管理機構　委託出版物>
本書の無断複写は著作権法上での例外を除き禁じられています。複写される場合は、そのつど事前に、(社) 出版者著作権管理機構（電話 03-3513-6969、FAX 03-3513-6979、e-mail: info@jcopy.or.jp）の許諾を得てください。
● 万一、乱丁本、落丁本がありましたらお取り替えいたします。お買い求めの書店か小社販売部へお申し出下さい。

あなたに感謝しております　We are grateful.

手作りの大好きなあなたが、この本をお選びくださいましてありがとうございます。内容はいかがでしたか？　本書が少しでもお役に立てば、こんなにうれしいことはありません。日本ヴォーグ社では、手作りを愛する方とのおつき合いを大切にし、ご要望におこたえする商品、サービスの実現を常に目標としています。小社及び出版物について、何かお気付きの点やご意見がございましたら、何なりとお申し付けください。そういうあなたに、私共は常に感謝しております。

株式会社日本ヴォーグ社社長　瀬戸信昭
FAX 03-3383-0602

日本ヴォーグ社関連情報はこちら
（出版、通信販売、通信講座、スクール・レッスン）

http://www.tezukuritown.com/　手づくりタウン　検索